33

프릭소스와 헬레에게 닥친 시련

주니어RHK

신화의 가치

신화는 한 민족의 기원이나 역사적 · 종교적 · 문화적 삶의 모습을 보여 주는 옛이야기입니다. 주로 신과 영웅에 관한 이야기가 많고, 오랫동안 입에서 입으로 전해 내려왔다는 특징이 있지요.

우리가 살펴볼 그리스 로마 신화는 고대 그리스와 로마에 전해 오는 신화와 전설을 한데 묶은 것입니다. 그리스 로마 신화는 고대의 삶을 엿보게 해 주는 문화유산일 뿐만 아니라, 세계 여러 나라의 문학과 미술에 큰 영향을 끼쳤습니다. 하지만 문화적 가치만큼이나 중요한 것이 또 있습니다. 오래된 옛이야기이면서도 거기에 담긴 교훈적 가치가 오늘날에도 여전히 쓸모 있고 중요하다는 사실입니다.

놀랍지 않나요? 수천 년 전의 이야기가 어떻게 과학 문명이 고도로 발달한 오늘날에도 통하는 것일까요? 그것은 바로 그리스 로마 신화에 나오는 신과 영웅의 모습이 오늘날 우리의 모습과 다르지 않기 때문입니다. 신들도 우리처럼 분노하고, 질투하고, 실수를 하지요. 그런 모습을 보면서 우리는 깔깔 웃거나 눈물을 흘리고, 교훈과 감동을 얻습니다. 우리가 그리스 로마 신화를 읽어야 하는 까닭이 바로 이것입니다.

신화의 세계로 떠날 여러분에게 한마디 덧붙이자면, 신화는 우리에게 끝없는 상상력을 요구한다는 점입니다. 신화 속에는 수많은 은유와 상징이 곳곳에 널려 있지요. 따라서 신화를 읽을 때에는 상상력을 최대한 발휘하여 신화 속에 숨겨진 의미를 찾고, 그것을 자기 나름대로 재해석하는 과정이 필요합니다. 이렇게 읽었을 때에야 비로소 여러분 앞에 놀라운 삶의 이야기가 펼쳐질 것입니다.

자, 그럼 흥미진진한 신화의 세계 속으로 함께 떠나 볼까요?

아타마스 왕에게는 아름다운 왕비 네펠레와 귀여운 두 아이 프릭소스,
헬레가 있었습니다. 하지만 이웃나라 공주 이노를 만난 아타마스 왕은
네펠레를 내쫓고 이노를 새로운 왕비로 맞아들입니다.
이노는 프릭소스와 헬레를 몹시 구박하고 쫓아내려고 합니다.
불쌍한 남매 프릭소스와 헬레에게 어떤 시련이 닥칠까요?

주요 등장인물

이노

카드모스 왕의 딸로
아타마스 왕의 두 번째 왕비가 돼요.
자신이 원하는 것을 얻기 위해
수단과 방법을 가리지 않아요.

아타마스 왕

보이오티아의 왕이에요.
이노에게 반해
네펠레 왕비를 내쫓고
이노를 새 왕비로 맞아들여요.

네펠레 왕비

프릭소스와 헬레의
어머니예요. 아타마스 왕과
두 자녀와 함께 행복한 생활을 하다가
이노가 나타나면서 궁에서 쫓겨나요.

프릭소스

아타마스 왕과 네펠레 왕비의 아들이에요.
동생 헬레를 놀리는 장난꾸러기이지만
의젓하고 생각이 깊어요.

헬레

프릭소스의 동생이에요.
마음이 여리고 프릭소스 오빠를
잘 따라요.

1
아름다운 왕국

"헬레는 정말 당신을 닮았다니까.

곱고 어여쁜 얼굴이 당신과 정말 비슷하구려."

"프릭소스도 당신을 닮았어요. 아직 장난꾸러기이지만 아주 의젓해요."

옛날 그리스에 보이오티아라는 나라가 있었어요. 그 나라를 다스리는 아타마스 왕은 키가 훤칠한 미남이었습니다. 게다가 왕비 네펠레도 아름답고 현명하며 마음씨가 고왔습니다.

둘 사이에는 총명하고 잘생긴 왕자 프릭소스와 왕비를 쏙 빼닮아 예쁘고 귀여운 공주 헬레가 있었습니다. 왕의 가족은 누구나 부러워할 만큼 서로 사랑하며 화목했습니다.

"우리 왕은 정말로 복이 많아. 저렇게 아름다운 왕비, 귀여운 자녀들과 행복하게 사시잖아!"

왕은 백성들을 가족처럼 생각하여 백성들이 어떻게 살고 있는지, 사는 데 불편한 점은 없는지 항상 살폈습니다. 그래서 백성들도 왕과 그의 가족을 사랑하고 진심으로 받들었습니다.

프릭소스와 헬레는 궁전 곳곳을 뛰어다니며 즐겁게 하루를 보냈습니다. 멀리서 아타마스 왕과 네펠레 왕비가 이 모습을 흐뭇하게 지켜보았습니다.

"헬레는 정말 당신을 닮았다니까. 곱고 어여쁜 얼굴이 당신과 정말 똑같구려."

네펠레 왕비는 사랑이 넘치는 표정으로 아타마스 왕을 바라보았습니다.

"프릭소스도 당신을 닮았어요. 아직 장난꾸러기이긴 하지만 아주 의젓해요. 거기다 총명하기까지 하고요. 더 자라면 당신을 닮아 지혜롭고 어진 왕이 될 거예요."

"아니오. 다 네펠레 당신이 현명한 방법으로 아이들을 잘 키운 덕분이지. 고맙소, 네펠레. 이렇게 당신과 아이들과 있으니 부러울 것이 없구려."

그들은 누가 보아도 행복한 가족이었습니다.

고대 그리스의 교육

아테나이를 비롯한 대부분의 고대 그리스 도시에서 귀족 계급의 남자아이들은 일곱 살이 되면 학교에 다녔어요. 학교에서는 읽기와 쓰기, 셈하기, 악기 연주를 배웠으며, 시를 외우고 토론하는 법도 배웠지요. 여자아이들은 학교에 갈 수 없었지만 이름 있는 집안에서는 개인 교사를 두고 읽기와 쓰기를 가르쳤어요. 귀족 계급의 남자아이들이 학교에 갈 때는 '파이다고고스'라고 불리는 노예와 함께 갔는데, 아이들이 제대로 하지 못하면 이 노예를 대신 때리기도 했답니다.

아타마스 왕이 다스리는 보이오티아는 언제나 *풍년이었습니다. 창고에는 곡식이 가득했고 백성들은 넉넉함 속에서 잘살았습니다. 나라가 평안해지자 다른 나라들도 보이오티아와 친하게 지내고 싶어 했습니다. 그래서 잔치를 열 때면 아타마스 왕을 빼놓지 않고 초대했습니다.

어느 날 *시종장이 아타마스 왕과 네펠레 왕비에게 이웃 나라의 소식을 알렸습니다.

"왕이시여, 이웃 나라에서 잔치가 열린다고 합니다. 다른 나라의 왕들도 모두 참석한다고 하니 왕께서도 참석하시는 게

***풍년** 곡식이 잘 자라고 잘 여물어 평년보다 수확이 많은 해.
***시종장** 임금을 곁에서 모시고 심부름하는 사람들의 우두머리.

좋겠습니다."

"시종장, 이번에는 웬일인지 가고 싶지 않은데, 빠지면 안 되겠나?"

"다른 나라 왕들이 모두 모이는 자리라 왕께서 가시지 않았다가 행여 *불이익을 당하지는 않을까 걱정되옵니다."

시종장이 설득을 해도 왕은 여전히 시큰둥했습니다.

***불이익** 이익이 되지 아니하고 손해가 되는 데가 있음.

옆에서 듣고 있던 왕비도 그 이유가 궁금했습니다.

"왕께서 가시지 못할 이유가 있는지요?"

"특별한 이유는 없소. 난 왕비와 왕자, 공주만 함께 있으면 아무것도 부러울 게 없소. 백성들은 평안하고 다른 나라들과도 별탈이 없이 지내니 그런 모임에 가고 싶지 않소. 그러니 꼭 참석해야 한다면 시종장이 내 대신 가는 것이 어떻소?"

아타마스 왕은 영 내키지 않는 것 같았습니다. 그날 이후 시종장이 몇 번이나 되풀이해서 권해도 왕의 마음은 변하지 않았습니다. 그래서 시종장은 왕비에게 도움을 청했습니다.

왕비는 꾀를 내어 왕에게 잔치가 열리는 나라에서 만들어지는 향수가 갖고 싶다고 했습니다. 사랑하는 왕비의 부탁을 들어주고 싶었던 왕은 그제야 잔치에 참석하겠다고 말했습니다.

2
이노를 만난 아타마스

은쟁반에 옥구슬 구르는 듯한 목소리에 놀란

아타마스 왕이 고개를 들었습니다.

깜짝 놀랄 만큼 예쁘게 생긴 여자를 보고

아타마스 왕의 눈이 휘둥그레졌습니다.

아타마스 왕이 시종장과 함께 이웃 나라에 도착했을 때는 이미 잔치가 시작된 뒤였습니다. 오랜만에 만난 다른 나라 왕들은 아타마스 왕을 반갑게 맞아 주었습니다. 인사를 마친 아타마스 왕은 주변을 둘러보았습니다.

하지만 이번 잔치는 웬일인지 쓸쓸한 느낌마저 감돌았습니다. 음식은 예전처럼 먹음직스러워 보이지 않았고 꽃 장식도 별로 보이지 않았습니다.

"차려진 음식이 도대체 왜 이런 거야?"

"그 소문이 맞는가 보네. 이 나라에 흉년이 들어 나라 사정이 좋지 않다는 말이 있어. 이번 잔치도 그 소문을 입막음하려고 일부러 무리해서 벌였다고 하던걸."

사람들은 이러쿵저러쿵 말이 많았지만, 아타마스 왕은 오로지 궁전에 있는 가족들 생각뿐이었습니다.

그리스에서 열렸던 잔치

〈악사와 시녀를 거느린 심포지움〉 작가 미상

고대 그리스에서는 남자들이 친구들을 불러 잔치를 열고 술과 음식을 즐기며 토론을 벌였어요. 규모가 무척 큰 잔치도 있었지만 몇몇이 모여 잔치를 벌이기도 했지요. 잔치가 시작되면 주로 포도주를 마시며 신을 찬양하는 노래를 부르다가 정치나 철학에 관한 토론을 벌였어요. 점차 분위기가 무르익으면 농담을 주고받고, 수수께끼를 내고, 이야기를 들려주기도 했어요. 이런 잔치는 주로 남자들끼리 벌였기 때문에 여자들은 대체로 참석하지 못했습니다. 도자기에 그려진 고대 그리스의 잔치 모습이에요. 남자들은 의자에 앉아 술과 음식을 먹으며 토론을 하고, 여자들은 악기를 연주하고 있어요.

분위기가 무르익자 경쾌한 음악이 흘러나왔습니다. 하프와 리라가 부드러운 선율을 이루고, 갈대로 만든 피리가 흥을 돋우었습니다. 또 어여쁜 무용수들이 방 안을 빙빙 돌며 흥겨운 음악에 맞추어 춤을 추었습니다. 방 안에는 웃음과 재치 있는 말들이 쏟아져 나왔습니다.

하지만 아타마스 왕은 모든 게 시큰둥하고 재미가 없었습니다. 주변의 흥겨운 분위기에도 아랑곳 않고 혼자만 무덤덤한 표정으로 앉아 생각에 잠겼습니다.

'지금쯤 왕비와 아이들은 무얼 하고 있을까? 네펠레와 함께 왔으면 좋았을걸.'

아타마스 왕은 나들이를 좋아하는 착한 아내 네펠레와 함께 왔다면 지금 즐거운 시간을 보낼 것이라는 생각이 들어 못내 아쉬웠습니다.

'잔치가 끝나는 대로 네펠레가 부탁했던 향수를 사 들고 서둘러 가야지.'

아타마스 왕은 잔치가 빨리 끝나기를 바랐습니다.

그때, 저쪽에서 화려한 옷을 입은 여자가 아타마스 왕 쪽으로 걸어왔습니다.

"아타마스 왕 맞으시죠? 전 이노라고 합니다."

은쟁반에 옥구슬 구르는 듯한 목소리에 놀란 아타마스 왕이 고개를 들었습니다. 깜짝 놀랄 만큼 예쁘게 생긴 여자를 보고 아타마스 왕의 눈이 휘둥그레졌습니다.

"무슨 생각을 그렇게 골똘히 하세요?"

"아, 아무것도 아니오. 그런데 나를 어떻게 아시오?"

이노는 눈웃음을 살짝 지으면서 아타마스 왕 옆에 앉았습니다.

"저는 카드모스 왕의 딸 이노라고 해요. 이렇게 멋진 분을 모를 리가 있을까요? 보이오티아의 왕 아타마스 님을 모르는 사람은 아마도 없을 텐데요."

이노의 아버지 카드모스

카드모스는 페니키아의 왕 아게노르의 아들이에요. 암소를 따라가다 암소가 지쳐 쓰러진 장소에 나라를 건설하라는 신탁을 받고, 훗날 '테바이'라는 도시 국가를 건설하지요. 이때 부하를 죽인 용을 퇴치하고 그 용의 이빨을 땅에 심었더니 땅 속에서 병사들이 나왔다고 해요. 카드모스는 그리스에 처음 문자를 들여왔다고도 해요.

아타마스 왕은 이노의 간드러진 태도에 홀딱 반했습니다.

"아타마스 왕이시여, 저와 춤추지 않으실래요?"

"좋소. 내가 먼저 청했어야 하거늘, 이 무례를 용서하시오."

아타마스 왕은 황홀한 표정으로 이노의 손을 잡고 나가 춤을 추기 시작했습니다.

“이노, 당신은 정말 아름답소.”

“고맙습니다. 아타마스 왕이야 말로 정말로 멋지신걸요?”

두 사람은 춤을 추면서 즐거운 시간을 보냈습니다. 그사이 아타마스 왕은 궁전에 두고 온 가족은 까맣게 잊어 버렸습니다.

잔치는 자정을 넘어 새벽녘에야 끝이 났습니다. 이노와 함께 있는 아타마스 왕은 행복감에 젖어 구름 위를 걷는 기분이었습니다.

늦은 밤, 모두 잠자리에 들려고 방으로 갔지만, 아타마스 왕은 이노와 헤어지기 싫어 자리에 남아 계속 이야기를 나누었습니다.

"제게 소원이 하나 있는데, 보름달에 빌면 이루어질까요?"

이노가 눈을 깜빡이며 속삭였습니다.

"당신의 소원이 내가 들어줄 수 있는 것이라면 좋겠군요. 어디 한번 말해 보시오."

"전 보이오티아에서 당신과 함께 살고 싶어요."

"하지만 나에게는……."

아타마스 왕은 순간 네펠레 왕비와 아이들이 머릿속에 떠올랐습니다.

“아타마스 왕이시여! 그럴 줄 알았어요. 저에게 반한 것이 아니었군요.”

이노는 거짓으로 눈물을 흘리는 체하며 등을 돌렸습니다.

"이노! 그런 것이 아니오. 내 말은…… 당장은 안 되지만 궁으로 돌아가 당신을 부르겠단 말이오."

"정말이지요? 그 말씀을 꼭 지켜 주셔야 합니다."

이노는 눈물을 닦는 시늉을 하며 아타마스 왕 품에 안겼습니다. 이노가 어떤 생각을 품고 있는지 꿈에도 모르는 아타마스 왕은 그저 이노가 좋아서 어쩔 줄을 몰랐습니다.

잔치가 끝나 모든 사람들이 돌아간 뒤에도 아타마스 왕은 보이오티아로 돌아가지 않고 이노와 *이레 동안이나 함께 즐거운 시간을 보냈습니다.

*이레 일곱 날.

“아타마스 왕이시여! 이곳에 온 지 벌써 이레가 넘었습니다. 이제 돌아가셔야 합니다.”

시종장의 말을 들은 아타마스 왕은 할 수 없이 돌아갈 채비를 했습니다.

아타마스 왕은 떨어지지 않는 발걸음을 억지로 떼며 이노와 작별 인사를 나누었습니다.

“왕이시여! 저 이노와 한 약속을 잊지는 않으셨지요?”

“그럼, 물론이오. 오늘 돌아가서 빠른 시일 안에 당신을 부르러 오겠소.”

아타마스 왕은 이노의 아름다움에 빠져 엄청난 약속을 해 버렸습니다.

이노는 모든 것이 뜻대로 풀린다는 생각에 기뻐하며 아타마스 왕을 배웅했습니다.

3
가여운 네펠레

"으악. 이게 무슨 냄새야?"

"냄새라니요?"

"지금 이 냄새가 안 느껴진단 말이오?"

보이오티아로 돌아오는 길에 아타마스 왕은 어떻게 하면 네펠레 왕비와 헤어질까 하는 생각뿐이었습니다. 궁 앞에 도착했더니 네펠레 왕비와 프릭소스, 헬레가 마중을 나와 있었습니다.

"아버지, 안녕히 다녀오셨습니까?"

프릭소스와 헬레가 의젓하게 인사를 했습니다. 옆에서 네펠레 왕비도 따뜻한 눈길로 왕을 바라보았습니다.

"그래. 너희도 잘 있었더냐?"

아이들은 아버지의 품에 와락 안겼습니다.

"왜 이리 늦게 오셨어요? 금방 돌아오실 줄 알고 기다렸답니다."

“일이 그렇게 되었소. 흠.”

아타마스 왕은 마지못해 대답을 하고는 더 이상 네펠레 왕비에게 말을 건네지 않고 궁 안으로 들어가 버렸습니다. 오랜만에 아버지를 만난 프릭소스와 헬레는 섭섭한 마음을 감출 수 없었습니다. 네펠레 왕비 역시 아타마스 왕이 자기에게 눈길조차 주지 않자 무언가 이상한 느낌이 들었습니다.

하지만 아타마스 왕을 믿었기에 네펠레 왕비는 대수롭지 않게 여겼습니다.

며칠 후, 아타마스 왕은 궁궐 뜰에 앉아 있는 네펠레 왕비에게 다가갔습니다. 그리고 왕비가 사 오라고 부탁한 향수를 내밀었습니다.

"그 나라에서 가장 좋은 향수라오. 뿌리는 사람에 따라 향이 달라지는 신비한 향수라고 합디다."

사실 그 향수는 이노가 아타마스 왕에게 준 것이었습니다. 자신이 뿌리는 향수이니 그 향을 맡으며 자기를 기억해 달라고 했습니다. 그런데 아타마스 왕이 궁으로 돌아오는 길에 이노 생각을 하느라 향수 사는 것을 깜박하는 바람에 그 향수를 네펠레 왕비에게 준 것입니다. 그 사실을 알지 못하는 네펠레 왕비는 향수를 보고 좋아했습니다.

"고마워요. 잊지 않고 제 선물을 가져오셨군요."

네펠레 왕비가 기뻐하며 향수를 받아들자 아타마스 왕은 조금 부끄러운지 머리를 긁적였습니다. 그러면서 이노 이야기를 꺼내려고 눈치를 살폈습니다.

사실 그 향수는 이노가 나쁜 뜻을 품고 준 것이었습니다. 자신을 보이오티아로 데려가 달라는 부탁을 아타마스 왕이 선뜻 들어주지 않자, 다른 방법을 꾸민 것입니다.

아무것도 모르는 네펠레 왕비는 아타마스 왕이 준 향수를 몸에 뿌렸습니다.

"으악, 이게 무슨 냄새야?"

"냄새라니요?"

“지금 이 냄새가 정말로 안 느껴진단 말이오?”

“전 향수를 뿌렸을 뿐이에요.”

아타마스 왕은 코를 킁킁대며 괴로운 표정을 지었습니다.

“그럴 리가 없소. 그 향수는 최고로 좋은 향수란 말이오.”

이노에게 빠진 아타마스 왕은 이노를 의심할 생각은 못하고 애꿎은 네펠레 왕비만 나무랐습니다.

아타마스 왕은 네펠레 왕비를 의심 어린 눈으로 보며 물었습니다.

"내가 없을 때 옳지 못한 짓이라도 저질렀소? 그러지 않았다면 귀하고 신비로운 향수를 뿌렸는데 왜 좋은 향기가 나지 않고 고약한 냄새가 난단 말이오!"

네펠레 왕비는 기가 막혀 울면서 대답했습니다.

"그럴 리가 있습니까? 당신이 무사히 돌아오기만을 기다렸습니다. 제 말을 믿어 주세요."

하지만 아타마스 왕은 의심을 버리지 않았습니다. 네펠레 왕비가 자신은 아무 죄가 없다며 눈물로 하소연해도 소용이 없었습니다.

"파리가 날아와 앉는 것 좀 보시오. 어휴, 냄새."

아타마스 왕은 그때부터 네펠레 왕비를 멀리하기 시작했습니다.

네펠레 왕비는 몹시 억울했습니다. 신비한 향수가 문제인지 알아보려고 몇 번이나 냄새를 맡아 보았습니다. 하지만 그 냄새는 더없이 향기로웠습니다.

귀한 물건이었던 향수

향수는 종교 의식에서 비롯되었어요. 옛날 신에게 제사를 지낼 때 몸을 깨끗이 하고는, 향기가 나는 나뭇가지를 태우고 향나무 잎의 즙을 내어 몸에 발랐어요. 향수는 인도에서 처음 사용되다가 이집트를 거쳐 그리스와 로마 등지로 퍼져 나갔어요. 주로 귀족들이 즐겨 사용했답니다. 당시의 상인들은 값이 비싼 향료를 돈 대신 사용하기도 했어요. 또 신기한 모양의 고급스러운 향수병을 만들어 여러 지역에 수출하기도 했어요.

이노가 꾸며 낸 일인 줄을 꿈에도 모르는 아타마스 왕은 네펠레 왕비만 의심했습니다. 그러면서 더욱 이노를 그리워했습니다.

"아! 지금 이노는 무얼 하고 있을까? 날 잊지 않고 기다리고 있을까? 이노랑 거닐던 그때가 그립구나. 빨리 이노를 데려와야 할 텐데……."

결국 아타마스 왕은 네펠레 왕비를 쫓아내기로 결심했습니다. 프릭소스와 헬레가 울며 매달려도 아타마스 왕의 마음은 바뀌지 않았습니다. 어쩔 수 없이 네펠레 왕비는 프릭소스와 헬레를 두고 궁전을 떠나야 했습니다.

4
새로운 왕비 이노

'어떻게 하면 저 아이들마저 이 궁전에서 내쫓을 수 있을까?
저 애들만 없다면 이 나라의 모든 것이
내 차지가 될 텐데 말이야.'

네펠레가 떠나자 이노는 기다렸다는 듯이 보이오티아로 단숨에 달려 왔습니다. 아타마스 왕은 이노를 보자 기뻐서 어쩔 줄 몰랐습니다.

"오오, 이노! 그동안 얼마나 보고 싶었는지 모르오. 아름다운 당신을 보니 참으로 기쁘오. 이제 당신의 소원을 이루었으니 함께 행복하게 삽시다."

"혹시 저를 잊으신 건 아닐까 밤낮으로 걱정했습니다."

"그럴 리가 있소. 이제 당신은 나의 신부가 될 거요."

이노를 본 사람들은 모두 이노의 아름다움에 놀랐습니다. 보이오티아 사람들은 네펠레 왕비가 이노 때문에 쫓겨났다느니, 이노가 새로운 왕비가 될 거라느니 하며 수군댔습니다.

쫓겨난 네펠레 왕비가 불쌍하다고 눈물짓는 사람들도 있고, 새로 온 이노가 얼굴이 예쁘니 마음씨도 고울 거라고 말하는 사람들도 있었습니다.

프릭소스와 헬레는 사람들이 수군대는 소리를 듣고는 걱정에 휩싸였습니다. 헬레는 날마다 어머니를 그리워하며 울었습니다. 그때마다 프릭소스는 의젓하게 어린 동생을 달래 주었습니다.

“아버지의 노여움이 풀리면 어머니도 돌아오실 거야. 그러니까 헬레야, 걱정하지 마.”

얼마 뒤, 아타마스 왕은 오랜만에 프릭소스와 헬레를 찾아왔습니다.

"얘들아, 아버지가 기쁜 소식을 들려주러 왔단다. 너희에게 새어머니를 소개하마. 행동이 바르고 아름다운 분이니 분명 너희와도 잘 지낼 수 있을 거다."

헬레가 울먹이며 말했습니다.

"아버지, 저는 아름다운 어머니도 싫어요. 현명한 어머니도 싫어요. 그냥 친어머니랑 살게 해 주세요."

프릭소스는 헬레의 손을 잡고 방을 뛰쳐나갔습니다.

"미안하오. 원래 저런 아이들이 아닌데, 아직 제 어미를 잊지 못하는가 보구려."

"아직 어린아이들인걸요. 저는 괜찮으니 걱정마세요."

"당신은 아름다운 데다가 마음씨까지 곱구려."

아타마스 왕은 네펠레 왕비가 궁전을 나가 어떻게 지내는지 걱정도 하지 않고 이노만 바라보며 기뻐했습니다. 하지만 이노는 아름다운 겉모습과 달리 아이들에게 애정이라고는 조금도 없었습니다.

'어떻게 하면 저 아이들마저 이 궁전에서 내쫓을 수 있을까?

저 애들만 없다면 이 나라의 모든 것이 내 차지가 될 텐데 말이야.'

이노가 아타마스 왕에게 사랑을 속삭이는 것도 모두 거짓이었습니다. 보이오티아가 부유한 나라라는 것을 알고 그 재산이 탐나서 일부러 아타마스 왕에게 다가간 것이었습니다.

이노는 보이오티아에 와서 처음 얼마 동안은 모든 사람에게 친절하게 대했습니다. 사람들은 그런 모습을 보고는 네펠레 왕비만큼 아름답고 어진 왕비가 왔다며 칭찬했습니다. 하지만 결혼식을 올리고 얼마 지나지 않아 이노는 슬슬 본색을 드러내기 시작했습니다.

"도대체 누가 내 방 정리를 이렇게 해 놨지? 당장 불러서 다시 하라고 해!"

이노는 궁에서 일하는 사람들이 조금만 실수를 해도 화를 내고 소리를 질렀습니다. 때로는 매질도 서슴지 않아 모두 겁에 질려 이노 왕비의 눈치만 살폈습니다.

프릭소스와 헬레를 대할 때도 마찬가지였습니다. 아타마스 왕이 함께 있을 때는 친자식처럼 아끼고 챙겨 주는 척하다가 왕이 없으면 소리를 지르고 구박을 했습니다. 하지만 아타마스 왕은 이노의 이런 행동을 전혀 알지 못했습니다.

이노의 이런 못된 행동은 시간이 흐르면 흐를수록 더 심해졌습니다.

이노에게 프릭소스와 헬레는 *눈엣가시였습니다. 몇 년이 흘러 두 아들을 낳게 되자, 이노는 더욱 프릭소스와 헬레를 구박했습니다. 큰아들 프릭소스가 아타마스 왕의 뒤를 이어 왕위를 물려받게 되고, 아타마스 왕의 재산을 나누어 가져야 한다는 것도 싫었습니다.

*눈엣가시 몹시 밉거나 싫어 늘 눈에 거슬리는 사람.

이노는 두 아이가 눈앞에서 사라지기를 바랐습니다.

"귀찮은 저 아이들만 없다면 얼마나 좋을까! 네펠레가 쫓겨날 때 함께 내쫓았어야 했는데!"

하지만 아타마스 왕은 프릭소스와 헬레를 여전히 아꼈습니다. 어린 헬레가 눈물지으며 엄마가 보고 싶다고 하면 아타마스 왕은 마음이 아팠습니다. 그런 남매를 아타마스 왕이 궁에서 내보낼 리 없었습니다.

이노는 두 눈을 반짝이며 무언가를 궁리하기 시작했습니다. 프릭소스와 헬레를 없앨 수 있는 방법을 말이에요.

어느 날, 이노는 뜰에서 뛰어놀고 있는 프릭소스와 헬레를 불렀습니다.

"지금 아버지가 너희를 숲으로 데려오라고 하셨다. 어서 나와 함께 숲으로 가자꾸나."

"아버지는 사냥을 나가셨잖아요. 아버지는 저희가 아직 어리다면서 지금까지 한 번도 사냥에 데려가신 적이 없는데요."

프릭소스가 똑똑하게 말했습니다.

당황한 이노는 대답을 얼버무리며 아이들에게 어서 마차에 타라고 다그쳤습니다.

마차는 아이들이 한 번도 가 본 적이 없는 숲 속으로 달려갔습니다.

"정말로 아버지가 이 숲으로 오라고 하셨어요?"

"그럼, 아버지께서 너희가 보고 싶다며 데려오라고 하셨단다. 왜 내 말을 믿지 않는 것이냐?"

그렇게 한참을 달리던 마차는 사람의 흔적이라곤 찾아볼 수 없는 조용한 곳에 멈추었습니다.

“어서 내려라. 여기가 아버지가 계신 곳이야.”

아이들은 마차에서 내려 숲을 둘러보며 아버지를 찾았습니다. 이노는 이때를 놓치지 않고 서둘러 마차를 출발시켰습니다. 처음부터 아이들을 숲에 버려두고 가려는 *속셈이었습니다.

하지만 영리한 프릭소스는 이노의 말을 의심해 미리 마차에 손을 써 두었습니다. 달려가던 마차는 곧 바퀴가 빠져서 멈추어 섰습니다.

*속셈 마음속으로 하는 궁리나 계획.

“어머니, 먼저 가실 거면 말씀을 하셨어야죠. 하마터면 아버지도 못 찾고 어머니와도 헤어질 뻔했잖아요.”

프릭소스의 *기지 덕분에 남매는 다시 궁으로 돌아올 수 있었습니다. 화가 난 이노는 더 무서운 음모를 꾸몄습니다.

*기지 특별하고 뛰어난 지혜.

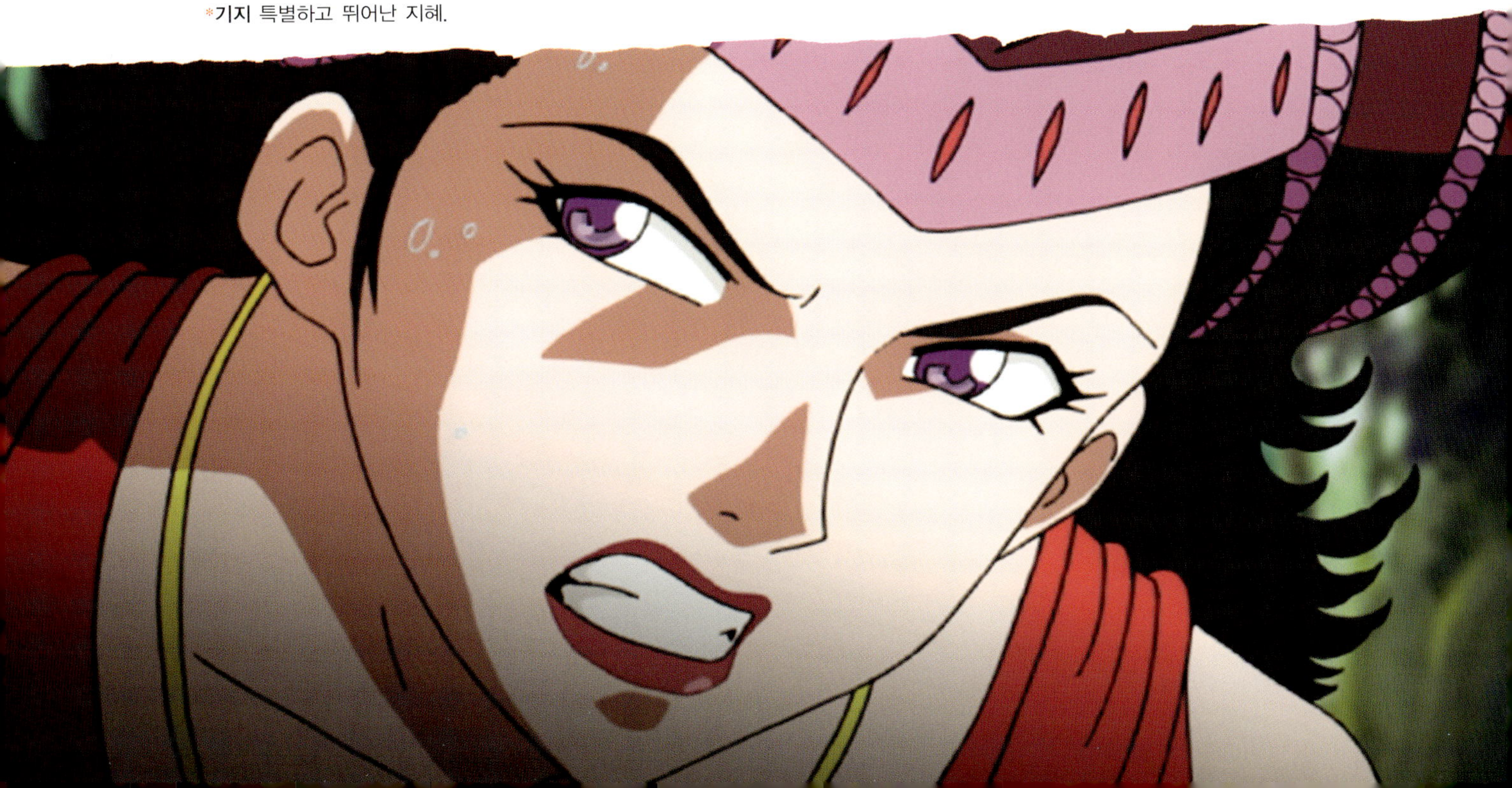

신화 뒷이야기

아타마스 왕이 새로 맞아들인 아내 이노는 카드모스의 딸입니다. 이노의 언니 세멜레는 제우스의 사랑을 받아 임신을 하지만, 제우스의 아내 헤라의 질투로 죽게 됩니다. 하지만 세멜레의 아들 디오니소스는 무사히 태어나고, 이노는 어린 디오니소스가 죽지 않게 잘 돌봐 줍니다.

그렇다면 이노는 과연 어떤 최후를 맞이할까요? 그리고 착한 아내를 저버리고 두 자녀를 돌보지 않은 아타마스 왕은 어떻게 될까요?

전해 오는 이야기에 따르면, 프릭소스와 헬레를 죽이려고 음모를 꾸미던 이노의 부하가 마음이 바뀌어 아타마스 왕에게 이노의 죄를 밝혔다고 합니다. 화가 난 아타마스 왕은 죽음의 제물로 이노와 이노의 두 아들을 바치려고 합니다. 이 사실을 안 디오니소스가 이노와 두 아들을 구합니다. 하지만 미쳐 버린 아타마스 왕은 이노와의 사이에서 낳은 첫째 아들을 끓는 물에 던져 죽게 만들고, 이노와 다른 아들은 스스로 목숨을 끊습니다.

이 슬프고 불행한 이야기는 왕비 자리를 빼앗고 어린 오누이를 미워한 이노의 지나친 욕심에서 비롯되었습니다. 사람의 도리에서 벗어난 일을 저지른 이노는 자신도 똑같은 벌을 받아 목숨을 잃지요. 또한 옳고 그름을 분간하지 못한 어리석은 왕 아타마스도 큰 벌을 받습니다.

전해지는 이야기 중에는 이노가 둘째 아들의 시신을 안고 바다로 뛰어들었다는 이야기도 있습니다. 그러자 바다의 신들이 이들을 불쌍히 여겨 바다의 신으로 만들었다고 합니다. 죽어서라도 이렇게 대접 받은 것은 그나마 이노가 지난날 어린 디오니소스를 돌봐 준 것을 보상 받은 것이라고 합니다.

올림포스 신들의 계보

크로노스 + 레아
하데스
지하 세계의 왕
포세이돈
바다의 신
제우스
신들의 왕
헤라
신들의 여왕,
제우스의 아내
헤스티아
난로 · 불의 여신
데메테르
대지의 여신
아테나
지혜 · 전쟁의 여신
제우스 + 메티스
아폴론
의술 · 음악의 신
제우스 + 레토
아르테미스
사냥 · 순결의 여신
아스클레피오스
의술의 신
아레스
전쟁의 신
제우스 + 헤라
헤파이스토스
대장간의 신
제우스 + 디오네
아프로디테
헤파이스토스의 아내,
미의 여신
에로스
사랑의 신
헤르메스
신들의 전령,
상업의 신
제우스 + 마이아
디오니소스
술의 신
제우스 + 세멜레
페르세포네
하데스의 아내
지하 세계의 여왕
제우스 + 데메테르

그리스 로마 신화 주요 인물의 이름

그리스 어	로마 어	영어
가이아	텔루스	
니케	빅토리아	나이키, 빅토리
데메테르	케레스	세레스
디오니소스	바쿠스	바커스
레아	키벨레	시벨레
아레스	마르스	마스
아르테미스	디아나	다이애나
아테나	아테네, 미네르바	
아폴론	아폴로	아폴로
아프로디테	베누스	비너스
에로스	쿠피드, 아모르	큐피드
오디세우스	울릭세스	율리시스
우라노스	카일루스	유러너스
제우스	유피테르	주피터
크로노스	사투르누스	새턴
페르세포네	프로세르피나	
포세이돈	넵투누스	넵튠
하데스	플루톤	플루토
헤라	유노	주노
헤라클레스	헤르쿨레스	허큘리스
헤르메스	메르쿠리우스	머큐리
헤스티아	베스타	
헤파이스토스	불카누스	벌컨

그리스 로마 신화 올림포스 가디언 33

프릭소스와 헬레에게 닥친 시련

펴낸이 양원석
펴낸곳 ㈜알에이치코리아
등록 2004년 1월 15일 제2-3726호
주소 서울특별시 금천구 가산디지털2로 53, 20층 (한라시그마밸리)
문의전화 02)6443-8800

ISBN 978-89-255-4415-1(74800)
ISBN 978-89-255-4354-3(세트)

값 **12,800원**

원작 만화로 보는 그리스 로마 신화(가나출판사)
이광진 엮음, 홍은영 그림
명화 구입처 유로크레온(주)